TRAITE'
DES
SUBASTATIONS,

TRES-UTILE ET NECESSAIRE
à tous Praticiens, Châtelains, Curiaux,
Syndics, Huiſſiers, Sergens & autres
éxecutans les commandemens de Juſtice.

*Avec une briéve & aſſurée métode pour ne
manquer aucunement auſdites éxecutions.*

Par Spectable GASPARD BALLY,
Avocat au Souverain Senat de Savoye.

Vû & corrigé par le Souverain Senat.

A ANNECY,

Chez HUMBERT FONTAINE, Imprimeur & Libraire.

M. DC. XCIX.

Avec Permiſſion du Senat & deffenſe à tous autres.

TRAITE'
DES SUBASTATIONS.

Si in rebus immobilibus. Cap. 150. du vieux Statut.

De l'éxecution qui se fait par levation des biens immeubles.

I on éxécute en vertu de la Sentence sur quelques fonds immeubles, possessions, revenus ; & qu'iceux biens soient levez par l'Executeur, Nous commandons que le Curial du lieu où telle levation se fait, l'enregistre; & en signe de ce, qu'ils soient remis sous la main de la Cour du lieu,& que l'on affiche des penôçeaux de nos Armes aux biens & possessions. Que si se font des rentes & revenus , qu'ils deffendent à ceux qui les devrôt de les payer sans cômandement du Juge, le tout sous de griéves peines : & aprés que l'Executeur l'a signifié au condamné au préjudice duquel elle a été faite , si on le peut trouver , si moins à sa maison d'habitation ; que s'il n'a aucun domicile certain & assuré,que le Sergent fasse assavoir à haute & intelligible voix aux lieux , & à la forme acoûtumée , les biens qui ont été levez en éxecution de la Sentence , avec le nom de la Partie qui l'a obtenu , & du condamné. Aprés ce que tels biens soient exposez en vente,& demeurent l'espace de 20.jours,& dans dix jours aprés qu'on les crie à l'enchere , la

quelle se fera au lieu & Marché plus proche de celuy
où les biens sont situez, à la forme acoûtumée, &
sera écrit le nom de l'encherisseur, & le prix de
l'enchere ; & huit jours aprés ladite criée au Marché prochain, huit autres jours aprés la seconde
criée, que l'on fasse la derniere ; & aprés lesdits
termes écoulez, que l'on expedie les biens au plus
off ant & dernier encherisseur, le prix de laquelle
expedition sera délivré au créancier en faveur duquel la Sentence a été prononcée, & telle execution
faite, ou vrayement on expedie les biens au créancier même, si tant est qu'il les veüille avoir au plus
haut prix qui a été offert, & lorsque les proclamatiós
ferót écrites, expeditions & subastations en probáte
forme par le Curial du lieu où elles seront faites, &
aprés laquelle expedition réellement faite, Nous
voulons que le condamné n'y puisse retourner, ny
moins molester ny inquieter l'acheteur de Justice.

EDIT explicatif du precedent in rebus immobilibus,
Chap. 14. du DUC PHILIBERT.

NOus voulons que le Chapitre precedent soit
observé, toutesfois avec telle modification.
En premier lieu, que si le jour de Marché se trouve
ferié, toutesfois que la levation, & signification,
subastation & expedition soient valables : & en tant
que le droit parle des vingt jours, Nous entendons,
& déclarons que les proclamations seront faites
trois jours de Marché, soit feriez ou non ; & l'expedition faite, Nous voulons qu'il soit permis de pouvoir racheter les choses levées, & subastées dans six
mois, à cómencer dés le jour de l'expedition, ayant

égard aux dépens fuportez par le Créancier à cét
effet, cóme auffi aux fruits perçûs de cette année,
ou à percevoir qui feront aquis a l'acheteur en toute
proprieté, ou à celuy à qui l'expedition a été faite :
Que fi on ne les reachete pas dâs les fix mois, on n'y
pourra plus y revenir. Nous voulons auffi que l'on
enregiftre le tout dans la Cour du lieu où la levatió
été faite, fi là il y a Marché, fi moins, au lieu où
on le tiendra, & que l'on dreffe le tout en bonne &
probante forme : & quant aux vacations de celuy
qui aura fait la levation, fubaftation, & expedition,
elles feront payées pour les jours qu'il aura vaqué à
ce faire, tant pour l'alé, retour que féjour, tellemét
que fi on a procedé tant-feulement à la levation &
execution, un autre pourra parachever le refte, & le
tout vaudra autant que s'il avoit été fait par un feul.

De l'éxecution qui fe fait par levation de meubles.
Cùm verò in exequenda Sententia. *Chap.* 173.

ET comme en éxecution de la Sentence, on procede par levation des chofes mobiliaires, Nous
ordonnons que l'on faffe de la forte, à fçavoir, que
ors que le Juge aura ordonné que l'on faififfe les
meubles, Nous commandons que nos Baillifs, &
Châtelains les faififfent en la prefence du condamné,
ou s'il eft abfent, en celle de fa femme : que s'il n'en
a point, ou qu'elle foit abfente, en prefence de deux
ou plufieurs de fes valets, ou voifins que l'on pourra
trouver, lefquels meubles feront levez & trâfportez
ailleurs, en lieu affuré, & mis en fequeftre, avec bon
& loyal inventaire, pour le payement de la fomme
principale, dommages, interêts & dépens. Nous
commandons auffi que la levation fe faffe par devant

le Curial du lieu , qui l'enregistrera avec les causes d'icelles, le nom de l'executeur, le jour, mois & an, & témoins, afin qu'on soit certain,& qu'on ne puisse rien enlever ny receler, laquelle sera signifiée au condamné, & par aprés dans le premier Marché, si tant est qu'il y en aye quelqu'un, ou si on n'en tient point, qu'ils soient exposez en la Place publique pour être vendus dans trois jours immédiatement suivans, si le condamné n'a payé son créancier, au profit duquel la Sentence a été renduë :& le jour de la subastation étant arrivé, qu'ils soient criez & proclamez, pour être vendus au plus offrant & dernier encherisseur, & se fera ladite criée, à neuf heures du matin ; & aprés qu'ils auront demeurez une heure en vente, qu'ils soient expediez au plus offrant & dernier encherisseur, & les choses susdites soient enregistrées par le Curial, avec le nom de l'acheteur, & le prix de la chose venduë : & de plus que l'on assigne l'acheteur de comparoir à heure de Vêpres, du même jour, pour sçavoir si quelqu'autre veut faire mise & enchere plus haute : & alors on expediera les meubles au plus offrant & dernier encherisseur, laquelle enchere sera de même enregistrée, & l'encherisseur sera assigné de payer le prix par luy offert, & de retirer les meubles subastez dans dix jours, pendant lesquels, si le condamné paye son créancier, satisfasse au Juge, & paye les dépens de l'execution, Nous commandons que l'on rende les meubles subastez si-tôt que le Juge & Executeur auront eû notice des payemens faits par le condamné : que s'il ne paye son Créancier dans dix jours, alors que l'Executeur les expedie à l'acheteur, ayant payé par un préalable, les sommes dûës au Créancier en faveur duquel la Sentence a été prononcée, & qui a fait faire la leva-

tion : que si quelque Châtelain, & autre Executeur
entre dans les maisons des Païsans pour faire telles
executions & levations, hors la presence du condâné, de sa femme, ses serviteurs, ou voisins, côme sus
a été dit, Nous voulons qu'ils soient condamnez en
l'amende de cent sols forts, aplicables à nôtre Fisq.

Deffences de lever aucuns Bœufs & Bétail servant au labourage. Boves Aratorios, *Chapitre* 184.

NOus deffendons par le present Edit, à tous Executeurs, de saisir & enlever des Bœufs servans
au Labourage, chevaux & autres animaux, côm'aussi
des charruës, oyaux, faux, & autres instrumens propres à la culture, sinon que le debiteur côtre lequel
on a fait la levation en aye des autres, à peine de
quarante sols forts contre les Châtelains, & de huit
sols forts contre les Sergens & Executeurs contre-
venans au present Edit, aplicable à nôtre Fisque.
Que si d'avantage le Curial ne peut assister à la vente,
enchere & expedition, pour être empêché à d'autres
affaires qui regardent sa Charge, alors que le Serget,
Mestral, Executeur, aprés la levation faite, luy en
dóne notice, avec le nom & surnô du créancier à la
requête duquel elle a été faite; côm'aussi du debiteur
& condâné, ensemble l'année, du mois, des témoins,
& des lettres, lequel Curial leur registrera dans le
Registre de la Châtelainie, afin que les meubles ne
se perdent, à peine de quarante sols forts, tant côtre
l'Executeur, que Curial, manquans aux choses sus-
specifiées, pour chaque fois qu'ils tôberont en faute,
aplicables à nôtre Fisque, outre la restitution des
choses levées, si tant est qu'ils se perdent par la
faute de l'Executeur, ou Curial, où la vraye valeur
& estimation d'iceux.   A iiij

Le Juge jugera sommairement des oppositions formées par le tiers aux subastations & levations, Fide & super rebus. Chapitre 185.

QUe s'il y a des tiers qui se rendent oposans à la levation qui se fera, en exécution de la chose jugée, soit des biens, meubles ou immeubles, le Juge connoîtra le plus sommairement qu'il se pourra faire, jugeant selon la disposition du droit.

CHAPITRE PREMIER.
DES SUBASTATIONS.

1. *Les subastations se font par le Créancier au préju-dice du debiteur.*
2. *Ethimologie des subastations.*
3. *La halebarde, marque de Royauté.*
4. *Les Anciens usoient de telles ceremonies dans leurs ventes.*
5. *Telle vente étoit en horreur parmy eux.*

1. LEs subastations se font par le Créancier au préjudice du debiteur, lors qu'il ne veut demeurer dans son hypotéque, *ut tot tit. ff. de distr. pignor.*

2. L'étimologie du mot de *Subastation,* vient de ce qu'autrefois les ventes publiques *fiebant sub hastas* c'est-à-dire que le Crieur portoit à la main l'hallebarde, comme étant une marque de Royauté, *siquidem Romani quirites dicti sunt à Quirino Romulo qui ita vocabatur, ab hasta quam reges ferebant, præsertim Sabini Quirites, ab hasta dicti quæ illis curis dicitur, ut inquit Festus & Ovidius, 2. fast.* ●

Sive quod hasta quiris prisci est dicta Sabinis,

Bellicus à telo, venit in astra Deus;
  Sive suo regi nomen posuere quirites,
    Seu quia Romanis junxerat ille cures.

Unde judicium sub hasta, veluti populare Romanorū,
& vulgi dicebatur, eratque ordinarium & propriū, &
municipale, Romanorū tribunal, & ipsius hasta insignia
populū admonebant judicij rerum quotidianarum, &
vulgarium causarum quibus factum est, ut publica ven-
ditio ad quam quilibet admitti posset, fieri auctionibus &
licitationibus sub hasta, ut tot tit. de fid. instrument. &
jur. hasta Fisci, lib. 10. & solēnis venditio dicitur fieri ha-
bitis hastis, l. 1. & 4. C. eod. tit... l. 1. C. si adversus Fiscū.

4. Les anciens, au raport de Theofraste usoient de
telles ceremonies dās leurs vētes, dōt voici les mots:
Sunt qui per praconem rem vendi jubent, & plures ante
dies pronunciari, alij apud Magistrū aliquē, ut Pittacus
apud reges & principem, alij prius venditionem futuram,
descubi apud magistrum, curant ante dies non pauciores
quàm sexaginta, ut Athenis, & qui emit centesimam
pretij partem deponere solet, ut ei qui voluerit causam
agere, & protestatus liceat, & is qui justè rem emit,
ex impensis manifestè cognoscatur.

5. Et telle vente étoit en horreur parmy eux, te-
nans ceux-là pour infames dont on publioit les biés
en cette façon, comme dit Ciceron, *Hercle cum bona*
ex edicto possidentur, hujus omnis fama & existimatio
cum bonis simul possidetur, huic ne perire quidem certè
tacitè, obscuréque conceditur, qui Magistri fiunt, &
Domini constituuntur, qui quâ lege & conditione pareat
pronuncient de quo homine vox praconis pradicat & pre-
cium conficit, hinc acerbissimum vivo videnti funus du-
citur, si funus id habendum est quo non amici conveniunt
ad exequias cohonestandas, sed bonorum emptores, ut
corui & carnifices ad reliquias vitae lacerandas.

A   v

CHAPITRE II.

1. POur la validité des ſubaſtations il y a quantité de choſes néceſſaires : Et en premier lieu, il faut qu'elles ſoient faites pour un prix certain & determiné, non pas incertain ; comme ſi on dit qu'on fait ſubaſter pour la ſomme dûë, ſauf à detraire tous les légitimes payemés. 2. Parceque le débiteur a interêt de ſçavoir ce qu'il doit aſſurément, afin qu'il puiſſe empêcher la vente de ſes biens, par le moyen de l'offre qu'il fera ; ſi toutesfois on voit en aprés à quoy monte la dete, le débiteur ne ſera recevable à debattre la ſubaſtation de nullité, ſous ce prétexte, & faudra qu'il offre toute la ſomme dûë, avec les interêts, & conſigne le tout, ſi tant eſt que le créancier refuſe de la prendre, D. Fab. C. de diſtrd. pign. qui paſſe plus outre, diſant, *quod non valeat ſubaſtatio facta certo etiã pretio ſed ſub hac proteſtatione, ut ſi res tanti empta ; & pro debito adjecto & creditori minoris erit liceat ei ſic aliena bona debitoris agere : nam & hac proteſtatio facit ne pro certo pretio dici poſſit :*

quàmvis hanc protestationem nihil fieri vetet eo tempore quo pignus capitur at distrahatur, sed non tamë cùm addicitur. Et ainsi le Senat a jugé en plusieurs rencôtres.

Le même dans la même définition septiéme, dit que la subastation est nulle, qui se fait par livrance de marchandise; & faut, afin que la subastation soit bonne, que la marchandise soit évaluée & apretiée avant que la subastation se fasse, vû que, si bien aprés la subastation on fait l'apretiation de la marchandise; toutesfois cela ne la rend pas valable pour autant : car il faut que lors de la subastation le prix soit certain, non pas aprés, si bien *possùnt rapi pignora pro merce debita, quamvis nondum æstimata, dummodo fiat æstimatio ante expeditiònem.*

Il en est de même si on subaste des biens pour la quantité des choses qui consistent en poids, mesures & nombre, sans aucune apretiation : cóme aussi si avec le blé on doit de l'argët, & on fait subaster pour l'un & pour l'autre, *nam in individuis,* dit le même, *def. xx. C. eod. cujusmodi est venditio si quid sit quod impediat ne actus totus valere possit, utile per inutile vitiatur.*

3. Il faut faire à sçavoir, ainsi que dit le Chapitre du Statut, à celuy contre lequel on veut faire la subastation, afin qu'il vienne au banc du droit pour voir crier les biens à tel jour, *ita DD. per l. 2. & 3. C. si pro publicis pensitationibus, l. 1. C. de fid. inst. & jur. sub hasta fisci, lib. 10. à divo Pio, §. 2. & ibi gloss. in verbo jubentur, ff. de re judic. l. creditor, l. 2. C. de dist. pign.*

4. Et cela est tellement vray, que si on veut faire subaster contre plusieurs, & qu'on aye fait adjourner qu'un seulement, la subastation sera nulle, non-seulement contre ceux qui ne seront adjournez, mais contre celuy qui sera adjourné, *ratione individuitatis, ut tenet Baldus, in l. 1. n. 63. vers. aut continet. C. de error.*

calcul. Fulgosius, *in l. in hoc*, *sub. n. 2. ff. famil. ercisc.*

Toutesfois cela n'a lieu lorsque la Sentence & mandat *exequi poſſunt ſupra portionem citati*, ſans faire préjudice à la part de celuy qui ne ſera adjourné.

5. Quant à l'inſtance de generale diſcuſſion, s'il ſera néceſſaire d'adjourner tous les creanciers pour venir voir faire l'enchere ſur les biens, ſéparement, ou s'il ſuffira de les adjourner, *generali programmate*, par affiction aux Carrefours, à cry public.

Il y a quelques Docteurs qui diſputent qu'il n'eſt pas neceſſaire de les aſſigner ſeparément, mais qu'il ſuffit de leur faire à ſçavoir par cry public, & affiction aux Carrefours, Rolandus à Valle, *Conſ. n. 10. lib. 1.* Rebuff *in l. uſu legis, col. 2. verſ. 4. notate, ff. de verb.* Balde toutesfois *in l. fin. C. de Edict. D. Adrian. tollent.* & Menoch. *de recup. poſſ. remed. n. 101:* ſont de contraire opinion.

Toutesfois, Mr le Preſident Favre és definitions 26. & 37. *de jur. deliberand.* dit qu'il faut adjourner les créanciers ſeparément dont on a la conoiſſance, quant aux autres qu'on ne ſçait pas, le cry public ſuffit par les Carrefours, *quia remediũ publici progrã-matis, ſubſidiariũ eſt, & inductũ contra creditores qui non ſunt certi*, l. ſi programmate. 7. C. de diſtract. pig. vox enim præconis paucis innoteſcit.

CHAPITRE III.
(Demeureront en vente vingt jours.)

1. *Commbien de temps les biens immeubles doivent de-meurer en vente.*
2. *En quel lieu les criées & ſubaſtations ſe doivět faire.*
3. *Ce qu'on doit faire ſi le lieu eſt infect de Peſte.*

1. **P**Ar diſpoſition du Statut, les biens que l'on veut faire crier & ſubaſter, doivent demeurer

en vente vingt jours, lequel Statut eſt conforme à la
loy 1. *C. de fide inſt. nec poteſt minui hoc tempus, nec
augeri, ut* Bald. *in autheut. hoc plus porrectū. C.de ſacro
ſanct. Eccleſ.* & Mr le Preſident Favre, *def.* 3. *C. de diſtract. pig.* dit que le Senat juge conformement au
Statut, tellement qu'il faut ſuivre de point en point
ce qu'il ordonne ſans s'en pouvoir diſpenſer de la
moindre choſe : & partant les biens ne peuvét de-
meurer en vente moins de 20. jours, ny plus de 24.

2. Laquelle criée ſe fera au Marché le plus proche:
Parceque il eſt à préſumer qu'on trouvera plus faci-
lement là les acheteurs, qu'autre part, à cauſe de
l'affection que les voiſins peuvent avoir, *quia ſepè
confines fundos etiam ſupra juſtā aſtimationem, intereſt
noſtra acquirere, l. ſi cui, ff. de legat.* 2. il faut voir la
loy unique, *in fin. in verb. Edictis ex more propoſitis,
C. de Juſtiniano, C. confirmando, & in locis frequentioribus Civitatis, l. jubemus, in verb. in frequentioribus
Civitatum locis proponendi, C. de defenſ. Civit.*

3. Que ſi le lieu où la ſubaſtation ſe doit faire,
eſt infect de peſte, on la pourra faire au lieu le
plus proche, *ita* DD. *in l.* 1. §. *ſi juſſ. ff. de acquir.
poſſ.* Rebuff. *in tit. de precon. art.* 1. *n.* 7.

Maintenant on a coûtume de faire les ſubaſtations
au banc du droit du lieu où les biens ſont ſituez,
qu'on veut faire ſubaſter, ſoit qu'en ces lieux il y
aye Marché ou non.

CHAPITRE IV.
Et que leſdits termes écoulez, on expedie les biens
au plus offrant, & dernier encheriſſeur.

1. *Aprés que la derniere enchere eſt faite, & les biens
expediez, un autre ne peut être reçû à faire nouvelle
enchere.*

2. *Exception de cette règle.*

3. *Si le dernier encherisseur, la tradition de la plume luy ayant été faite, se pourra départir de l'enchere par luy faite.*

1. APrés que la derniere enchere a été faite, & les biens expediez, un autre ne peut être réçû à faire une nouvelle enchere, *Auth. hoc ju porrectŭ, C. de sacrosanct. Ecclef. l. si tempora, C. de fid. inftr. lib.* 10. *ubi Bartolus dicit illa verba inducere obligationem praecisam, adeo quod in hoc non sit gratificationi locus, Gloff. in verb. facere, cap. venerabilem, de elect. Manfuer. tit.* des executions, *n.* 17. & 19. car autrement il n'y auroit rien de certain, *& fubaftationes protraherentur in infinitŭ :* cecy se doit entendre quand les fubaftations se font *super bonis majoris.*

2. *Nam cùm fiunt in bonis minoris protrahi poffunt ultra tempora ftatuti, & plus offerens eft audiendus, ad licitationem, favore fcilicet minoris atatis, cujus jura confervare aquum eft. Praetor enim rem minoris femper pra oculis habet.*

Ce qui se dit du mineur, a lieu aux Eglifes, & autres qui joüiffent du privilege des mineurs, *Guid. Pap. dec.* 149. & *dec.* 536. vû que si bien par nos Statuts & Edits, aprés que le bail & tradition de la plume a été faite au dernier encherisseur, personne n'y peut venir, ny donner davantage.

2. Toutesfois quand les biens du mineur & pupil se fubaftent aprés la derniere expedition, le Tuteur & Curateur peuvent faire incanter de nouveau les biens pour en trouver tout ce qu'ils pourront au parfus de la derniere enchere, & les derniers encherisseurs feront preferables à ceux qui ont encheri aprés la troisiéme criée, parce que aux biens du pupil & mineur, l'on ne regarde l'ordre ordonné

par le Statut , *idque favore pupillaris & minoris ætatis,* *l. x. si sive ., §. quæsitum , ff. minor.* Guid. Pap. dec. 536.

Le Président Favre en la def. 27. C. *de dist. pign.* recherche , sçavoir si les biens ont été vendus à la requête d'un creancier posterieur , si par le moyen de telle vente les creanciers anterieurs n'ont pû être payez , à l'absence desquels , &. sans qu'ils en eussent notice , la subastation a été faite, on pourra les faire subaster de nouveau à la requête d'un d'i-ceux ; il dit qu'oüi , *quamvis decretũ judicis subasta-tionem confirmaverit, quia creditoris anterioris cui nihil imputari potest , jus suum esse oportet, nec Sententiã inter alios redditam ei nocere æquum est ,* ce qui se doit en-tendre , *nisi possit esse cautum anteriori creditori per repetitionem contra posteriorem.*

Mais quant au créancier posterieur qui a le droit d'offrir , il n'est recevable à faire proceder une se-conde subastation , sinon en cas qu'il soit tellement pauvre qu'il n'aye dequoy offrir , ou s'il s'agit de payement de dote afin que la femme ne demeure in-dotée , *interest enim reipublica mulieres dotes salvas habere , ad replendam liberis civitatem ,* & ita def. 1. C. *eod. tit.*

3. Le dernier encherisseur aprés que l'enchere est faite , & que la plume luy a été donnée par le Ser-gent , il ne se peut repentir , ny desister de l'enchere faite : que s'il le veut faire, il sera contraint de payer les dômages, interêts à la Partie , & les dépens qu'il a causé par sa folle enchere qu'il a faite és subasta-tions : aussi un autre ne luy pourra lever le benefice de la derniere enchere , & être reçû à donner da-vantage, cóme on a dit cy-devant : Angelus, *in l.lici-tatio, §. quod illicitè , ff. de public. vectigal. Textus in l. si prius , C. de distract. pign.* & cecy a lieu à toutes

sortes de derniers encherisseurs , & même si le bien
demeure entre les mains du créancier qui fait subaster, ne se trouvât personne lors de l'expedition qui
en donne davátage que luy , veu que par disposition
du Statut, & par la loy, à *Divo Pio*, §. *pignora*, ff. *de re*
judicat. le créacier faisant mise pour la somme qu'il a
fait subaster, pourra tenir les biés mis en véte, si tant
est que personne ne fasse mise plus haute que luy.

CHAPITRE V.

(Que le condamné ne puisse retourner , ny moins molester, ny inquieter ledit acheteur.)

1. *Il ne faut que manquer à la moindre solemnité pour rendre les Subastations nulles.*
2. *Qui a droit d'impugner les Subastations.*
3. *La Subastation tient non-seulement contre le debiteur, mais contre le tiers qui a droit du debiteur posterieu-rement à la Subastation.*
4. *On ne peut dire la Subastation nulle encor qu'il y aye lezion énorme, ou énormissime ; mais il faudra venir contre par relief.*
5. *La subastation bien faite ne reçoit aucun échait par la mise en possession qui est mal faite.*
6. *La subastation étant nulle, il faut que le debiteur offre au créancier, non pas à l'acheteur.*
7. *L'acheteur ne peut refuser le prix de l'enchere sous pretexte que la subastation est nulle.*
8. *Sçavoir si on pourra faire vendre pour une secõde fois les biens ja vendus, à la requéte du second créancier.*
9. *Il faudra que l'encherisseur paye les Creanciers chacun à leur ordre.*

1. EN ce qui regarde les subastations, il faut être
extrêmement éxat, car il ne faut que manquer

à la moindre folemnité portée par le Statut, que les Subaftations font nulles, & de telle forte que aucun domaine, ny poffeffions ne peuvent être transferées en vertu d'icelles.

2. Cette propofition fe doit entendre, à fçavoir que le tiers feul a droit d'impugner les fubaftatiós, de nullité; parce que, fi bien elles foient nulles de foy, elles tiennent contre le debiteur qui ne les peut impugner, qu'en offrant au créancier la fomme qu'il doit, avec les dómages, interêts & dépens: & à fon refus, configne le tout. Ce qui fe dit du débiteur, a lieu auffi à celuy qui a droit de luy:

3. *Nam cùm fubaftatio facta eft pro debito, non tam imputari poteft creditori cur Statuti formâ non fervawerit, quàm debitori cur non foluerit, quandoquidem fi foluiffet, nullus hodie locus relinqueretur quæftioni de nullitate, vel validitate fubaftationŭ, nec adverfus, mirŭ eft caufam debitoris hâc parte minùs favorabilem effe, quàm alterius creditoris*, dit Mr le Préfident Favre, *def. 4. C. de diftract. pign. all. 5*

Si bien par le Statut il eft ordóné qu'en exécution de la Sentence, on ne puiffe faifir un gage qui vaille deux fois plus que la dete ne monte, cela ne fait pas que la faifie & fubaftation foient nulles, mais le creancier pourra venir contre les fubaftations par lezion énorme & énormiffime, tout ainfi que cótre une autre vente qui feroit faite hors jugement, *def. 9*

Que fi après les fubaftations on vient à tranfiger fur icelles, & que toutesfois la lezion y foit, on pourra néanmoins fe pourvoir par refcifion, nonobftant telle tranfaction; *quia durante læfione etiam poft tranfactionĕ durat femper eadĕ caufa reftitutionis*, ainfi que dit Mr le Préfident Favre, *def. 9. C. de diftr. pignor.*

Il faut remarquer que les fruits des biens fubaftez,

B

apartiennent à l'acheteur de justice, qui les fait siens de telle sorteque si bien és subastations il y a lezion énorme ou énormissime, ils ne peuvent être imputez au sort ny diminution de la somme capitale, ainsi que dit Mr le President Favre, *def.28. C. de dist. pign. & def.4. C. de rescinden vendit. & def.26. C. eod. nisi fructus qui post litem contestatam percepti sunt: nam post litem contestatam possessores omnes sunt pares, neque fructus suos facere possunt, cum sint mala fidei possessores,* idem, def. 6. C. de recin. vend.

5. La subastation qui est bien faite ne peut être annullée par la mise en possession qui est nulle, car la mise en possession n'est pas part de la subastation, mais c'est un acte separé, toutesfois qui doit suivre la subastation, ainsi que dit le même, *def. 16. C. eod.*

Il est vray que le debiteur ne peut impugner les subastations de nullité, mais il faut qu'il offre les sommes dûës au créancier, avec les legitimes accessoires, & dépens, comme cy-devant a été dit, & à son refus les consigne, mais non pas à l'acheteur de justice, car tel offre & consignation ne serviroient de rien, *idem def. 19. C. eod.*

7. L'encherisseur de justice & acheteur, l'expedition de la chose subastée, luy ayant été faite comme dernier encherisseur, ne peut refuser le payement du prix, sous pretexte de dire que la subastation est nulle, moins celuy qui a été élû pour amy és subastations; *cum ex proprio facto, & contractu conveniantur, quippè ea lege accersentur ad publicam venditionem, quam scivere, aut scire debuere, non nisi præsenti pecunia fieri debere, ut l. à Divo Pio, §. sed si emptor. ff. de re judic.* & c'est la raison de Mr le President Favre, *def. 22. C. de distr. pign.*

8. Les Docteurs disputent, sçavoir si on pourra

faire vendre pour une seconde fois les biens ja vendus, à la requête d'un creancier posterieur, le prix de la vente, n'ayant pas été suffisant pour payer les anterieurs & posterieurs : à cela ils disent, que si la vente a été faite à l'absence des creanciers anterieurs qui n'en ont eu aucune notice, encore qu'on aye affiché par les Carrefours, les assignations, que l'on pourra faire crier de nouveau les biens qui ont été ja cy-devant subastez, pour être payez de leur creance : que s'ils l'ont sçû, ou qu'ils ayent été presens à la subastation, ils ne seront recevables à les faire revendre une autre fois.

Mais quant aux creanciers posterieurs, ils n'y peuvent être reçus, si bien par tel moyen ils seroient en perte, vû que ils se doivent servir du droit d'offrir, sinon qu'ils soient tellement pauvres qu'ils ne puissent faire offre, & que leur creancier soit privilegié, comme dot, & autres choses semblables, *impossibilium enim nulla est obligatio*, dit la régle de droit.

9. Il faudra que l'encherisseur de justice paye les creanciers selon l'ordre de leurs creances, dommages & interêts d'icelles, *cùm accessorium sequatur naturam principalis.*

CHAPITRE VI.

Nous voulons qu'on enregistre le tout.

L E Statut ne détermine aucun tems certain dans lequel on doit enregistrer les subastations, mais par une coûtume reçuë parmy les Praticiens, on les enregistre dans quarante jours.

CHAPITRE VII.

(Qu'il soit permis de pouvoir racheter les choses
levées & subastées, dans six mois.)

1. Il faut donner du temps au debiteur pour racheter
le bien qui se vend par subastation.

2. Si pendant les subastations le debiteur pourra vendre
la chose incantée, avec licence du Juge.

3. Si le creancier à qui on a expedié la chose subastée
le debiteur le voulant degager, la pourra retenir
pour autres detes.

4. Si le droit de racheter est cessible.

5. Aprés six mois on n'est plus recevable à racheter les
choses subastées.

6. Dés quel tems maintenant les six mois courent.

7. Le Senat aprés les six mois passez a coutume de pro-
roger le delay pour dignes considerations, ce que les
Juges subalternes ne peuvent faire.

1. IL faut donner du tems au debiteur pour racheter le bien qui se vend par subastation, autrement elle est nulle; c'est pourquoy ceux qui font
les subastations disent que le bien a été expedié à
tel, comme plus offrant, & dernier encherisseur,
sauf le reachet de six mois porté par nos Statuts,
*textus in l. à Divo Pio, §. 2. & ib. gloss. in verb. inhibentur,
ff. de sentent. & re judic. l. creditor 2. C. de dist. pign.*
Guid. Pap. dec. 329. Afflict. dec. 338. n. 3. & faut que
celuy qui rachete, paye tous les frais qui ont été
faits és subastations & encheres : Bartol. *in l. ubi
plure, §. fin. ff. ad S. C. Trebellianum*, Rebuff. *in tit.
de preconisat. art. 4. glos. unic. n. 7.*

Le droit Romain accorde deux années, *bien-
nium datur ad recuperandum pignus, l. fin. C. de jur-*

*domin. impetrand. pietatis intuitu, habeat debitor intra
bienny tempus, in suam rem humanum regressum, ex
die sacri oraculi numerandum.*

2. Pendant les subastations, le debiteur pourra
vendre la chose incantée, pourveu que ce soit avec
la licence du Juge, sans crainte du vice de litige,
l. 2. C. de distr. pign. mais il faudra consigner le prix
entre les mains d'une personne solvable, afin que
les creanciers soient payez, pour éviter les dépens
qui se feroient par le moyen des subastations : Rebuff. *in tract. de preconis. art. 2. gloss. unic. n.* 16.

3. Les Docteurs disputent sçavoir si le creancier
à qui on a expedié la chose subastée, le debiteur la
voulant dégager dans le tems porté par le Statut,
la pourra retenir pour autres dettes pour lesquels
l'éxecution n'a pas été faite : quelques-uns tiennent
que non, parce que ayant fait saisir les biens pour
une somme certaine, & iceux ayant été adjugez au
creancier par la voye de la subastation, il ne les peut
retenir par autre voye ; le debiteur ayant la liberté
de les racheter en vertu de la loy municipale ; argu-
ment. *l. si mulier, §. fin. ff. de eo quod metus causa, l. cujus
bonis, ff. de curat. furios.* D. Fab. *def.* 30. *C. de luit. pign.*

Les autres sont de contraire opinion, disans que
la femme pendant la vie de son mary a droit en la
maison, *jure familiaritatis*, & après la mort d'iceluy,
a droit de retention pour sa dotte, Negus. *de pig. in
3. membro*, Purpuratus *n.* 8. *ubi addit, ratio qua mo-
ventur* D.D. *tenentes contrarium, est quia creditor dicitur in dolo debito sibi soluto non restituendo rem stante
quo pro alio debito, debitori competit aliud remedium,
& nihilominus non minori dolo notari deberet, debitor
repetens pignus prætorium ac judiciale, & volens solvere
aliud debitum quod debet, & hæc est vera opinio quando*

debitum est liquidum, & adversus illud nihil per debi-
torem objici possit ; Surdus *dec. 46. in fin.*

On demande de même si aprés les six mois donnez pour racheter, un second creancier pourra venir & offrir la somme au premier qui est en possession en vertu de la subastation par luy faite comme
dernier encherisseur : on dit qu'oüi. Autre chose
seroit d'un tiers qui seroit acheteur, & possederoit
les fonds en vertu des subastations ; alors, aprés les
six mois passez, un creancier même, en offrant, ne
seroit recevable à venir, les six mois passez & expi-
rez, D.Fab. *def.* 28. *C. de luit. pignor.*

4. Le droit de racheter est cessible, tout ainsi que
toutes les autres choses, lequel droit se prescrit par
le même temps contre le cessionnaire, que contre
le cedant ; tellement que si le cessionnaire ne reachete les biens subastez dans les six mois porté par
le Statut, le tems étant écoulé, le cessionnaire n'y
pourra plus revenir : Rolandus, *Consf.* 28. *n.* 29. *omnis*
actio cedi potest, l. ult. de re judic. & tot. tit. de hared.
vel acti. vendit. D. in l. 1. de alienat mutand. judic. fact.
DD. in l. 1. de alienat mutand. judic. facta, Cravet.
Consf. 191. *n.* 2. D.Fab. *def.* 22. *C. de luit. pignor.*

5. Aprés les six mois passez, si la subastation est
bien faite, encore qu'il n'y aye aucune interposition de Decret, le debiteur ne sera plus reçû à
offrir les sommes dûës : toutesfois si dans les subastations il s'y trouve quelques nullitez, n'y ayant
aucune interposition de Decret, le creancier sera
recevable à offrir les sommes dûës, avec dommages,
interêts, & par ce moyen il pourra racheter son
bien, même dans trente ans, si pendant ce tems-là
il n'y a aucune interposition de Decret.

Que s'il y a interposition de Decret, & toutesfois

on aye appellé de la Sentence du Juge, le debiteur pourra, péndant l'appel, offrir au creancier, & à fon refus configner les fommes düës, afin de faire les fruits fiens par ce moyen.

Que fi la fubaftation eft & düëment faite, toutes-fois on demande d'en être relevez par lezion énor-me, ou énormiffime; le Senat a, par fon équité, coûtume de recevoir du debiteur, les fommes düës, foit avant, ou aprés l'interpofition du Decret, pourveu que ce foit dans trente années, fans qu'il foit befoin d'obtenir requête civile, Fab. *def. 4. de luit. pign.* voyez le même en la def. 4. C. *fi adverfus præfcript.* qui dit que pour être reçû à racheter la chofe fubaftée aprés fix mois, il faut recourir en grande Chancelerie, *nifi aut minor ætas, aut jufta alia reftitutionis concedenda caufa intervenerit.*

6. Par difpofition du Statut les fix mois couroient autresfois dés-le jour de l'expedition de la chofe, mais maintenant cela a été corrigé par le Stil nou-veau, qui veut feulement que les fix mois courent dés les lettres de mife en poffeffion, obtenuës judi-ciellement en vertu des fubaftations faite par le creancier contre le debiteur, lefquelles lettres de mife en poffeffion ayent eû effet, tellement que fi on s'y eft opofé à telles lettres de mife en poffeffion, encore que l'on aye été condamné, les fix mois ne commenceront qu'après le Jugement rendu : que fi c'eft un tiers qui fe foit opofé, on ait apellé de l'é-xecution, telles lettres ne lairront être éxecutoires contre le debiteur, & ne fert que le creancier foit poffeffeur du fonds par autre voye que par le moyen des lettres de mife en poffeffion qu'il faut obtenir néceffairement du Juge aprés les fubaftations, & en vertu d'icelles être fait poffeffeur legitime des

choſes ſubaſtées ; D. Fab. *def. 24. C. de luit. pign.*

7. Et faut remarquer que les ſix mois donnez par le Statut, peuvent être prorogez par le Senat, pour dignes conſiderations, afin que le debiteur puiſſe racheter le fonds ſubaſté, ce que les Juges ſubalternes ne peuvent faire, ainſi que dit Mr le Preſident Favre, *def. 23. C. de luit. pignor.*

CHAPITRE VIII.
Touchant l'interpoſition du Decret, & autres ſolemnitez.

POur la perfection des ſubaſtations, il faut obſerver, non-ſeulement ce qui eſt ordonné par le vieux Statut, mais encor ce qui eſt étably par la diſpoſition du Stil.

Qui eſt, que les criées étant faites, & les ſubaſtations enregiſtrées, il faut obtenir des lettres de miſe en poſſeſſion du Juge riere le Reſſort duquel elles ont été faites : ſi en vertu de lettres de debitis l'execution a été faite riere le Reſſort du Juge où les biens ſont ſituez, & de celuy qui a ordonné la ſubaſtation : ſi en vertu d'une Sentence le Senat n'acorde pareilles lettres ſans éxaminer la validité des ſubaſtations, aprés quoy il accorde lettres ſans préjudice du tiers non oüi, ſi les ſubaſtations ſont malfaites, il ordonne que Partie ſera apellée.

Il faut remarquer que toutes lettres de miſe en poſſeſſion émanées des Juges ſubalternes, doivent contenir la clauſe, *ſauf oppoſition du tiers*, lequel a droit ſeul de s'oppoſer, non point le debiteur, ainſi que nous avons dit cy-devant.

Les ſix mois paſſez, on fera apeller la Partie en Jugement pour les venir debattre de nullité ; ſi on

n pretend, & voir interpofer l'autorité Judiciaire?
ur quoy il faut remarquer que les Parties ne fe
peuvent difpenfer des folemnitez neceffaires aux
fubaftations, pas même d'un commun accord &
confentement ; parce qu'elles font introduites en
faveur du public, *& fic privatorum pactis juri publico*
derogari non poteft.

Il faut remarquer que la fubaftation faite pour
chofe non dûë, ou non liquidée, eft nulle, c'eft-
à-dire, à l'égard du creancier ; mais pour le tiers,
qui s'eft rendu pour adjudicataire, *Subaftatio tenet*
etiam fi facta fuerit pro indebito, pro debito non liquido,
propter authoritatem hafta, D. Fab. def. 9. C. fi vendit.
pignor. fi bien qu'elle fort fon plein & entier effet
pour fon regard jufques à ce que le debiteur l'aye
fait déclarer nulle, *l. 1. & 2. C. hoc tit.*

Si le debiteur allegue le payement avoir été fait
de la fomme pour raifon de laquelle les fubaftatiõs
ont été faites, il faudra dõner délay pour le prouver,
& pendant ce le Juge furfoyera à l'interpofition du
decret, D. Fab. def. 17. C. de bon. aut. judic. poffidend.

L'interpofition du Decret n'eft pas neceffaire
pour empêcher le droit d'offrir après les fix mois
écoulez, pourveu que les fubaftations foient bien &
dûëment faites, *alioqui fupereft jus offerendi ufque ad*
decretum, aut 30. annos, D. Fab. def. 4. de luit pignor.

Les fubaftations ayant été autorifées par Decret
du Juge, ne pourront être abatuës par nullité, mais
il fe faudra pourvoir par appellation, & demander
d'être reçû Apellant, nonobftant le tems porté par
le Stil ; que fi le Decret eft émané du Senat, il fe
faudra pourvoir par requefte civile, comme dit
Mr le Prefident Favre, def. 6. C. de luit. pignor.

S'il y a lézion énormiffime aux fubaftations, encor qu'il y aye interpofition de Decret par le Senat, il en faut être relevé fans être befoin de prefenter requête civile, & le debiteur fera reçû à offrir la dete jufques à trente ans, tout de même que s'il n'y avoit aucune interpofition de Decret. Que fi on a tranfigé enfuite des fubaftations, pourveu que la lezion énormiffime foit prouvée, telle tranfaction ne pourra de rien operer, & demeurera le droit d'offrir au debiteur, comme s'il n'y avoit aucune tranfaction, Fab. *def.* 8. *&* 9. *C. de diftract. pignor.*

Où le Pourfuivant fera négligent de faire apeller fa Partie pour interpofer le Decret, la Partie fera reçûë à debattre les fubaftations, & offrir les fommes pendant trente années : femblablement celuy contre lequel les fubaftations feront faites, pourra faire apeller fa Partie pendant les fix mois, pour racheter, ou bien pour les debattre de nullité, offrant par un préalable les fommes dûës.

CHAPITRE IX.

1. *On ne peut lever les Bœufs, & autres animaux fervam à la Culture de la Terre.*
2. *Dire de Ieremie.*
3. *Chez les Frigiens celuy qui avoit tüé un Bœuf, ou dérobé des inftrumens fervans à la Culture, étoit puny de Mort.*
4. *On ne peut faifir les armes des Soldats ny les Livres des Ecôliers.*
5. *Si on pourra faire fubafter le tître Clericat d'un Prêtre.*
6. *Si on pourra faire faifir les Protocôles d'un Notaire.*

1. PAr difpofition de droit on ne peut faifir les Bœufs, Mulets & autres animaux fervans à la Culture de la terre, & celuy qui fait telle éxecution eft tenu pour infame, & condamné au quadruple, *l. executor, cum auth. fequent. C. quæ res obligari non poffunt.*

2. Sur ce fujet eft à propos ce què dit Ieremie au

Chapitre dernier, où il raconte que Nabucodo-
noſor, après avoir tüé tous les Citoyens, donna
la vie aux ſeuls Païſans qui étoient employez à la
culture de la terre.

3. Chez les Frigiens, celuy qui avoit tüé un Bœuf
ſervans au laborage, ou dérobé quelques inſtrumens
propres à la culture de la terre, étoit puny de mort.

L'ancienne loy des Atheniens, défendoit de ſacri-
fier des bœufs, ainſi que raporte Elian *de variis hi-
ſtoriis*, d'où il rend cette raiſon; parce que le bœuf
eſt participant des travaux des hommes, qu'ils
prennent à cultiver la terre.

Auſſi la Juſtice a eû en ſinguliere veneration les
Laboureurs, & non ſans raiſon; car ceux qui ont
plus curieuſement conſideré le cours des Planettes,
remarquent que le ſigne de la Balance, & la con-
ſtellation du Bouvier ſe joignent de ſi-prés, qu'ils
vont enſemble du même train, & ne s'abandonnent
en leur courſe.

La Juſtice faiſant les mêmes fonctions en l'ordre
politique, que fait le Laboureur à la terre, l'un dé-
racinant le vice des cœurs des hommes: côme l'autre fait les racines & mauvaiſes herbes de la terre.
Et à vray dire, la Juſtice n'eſt qu'une image de l'A-
griculture, dont elle a tiré ſa premiere origine.

Car dés que les hommes s'adonnerent à cultiver
les champts qui ne produiſoient que des ronſes, &
chardons auparavant, les mêmes hommes ſe culti-
vairent. Auſſi la terre ne fût pas ſi-tôt ſoumiſe au
Labourage, que ſes enfans plierent ſous le joug des
loix; la dureté de leur cœur farouche, qui ne ſe
repaiſoit que de glands, fût ramolie enſuite d'un
plus doux aliment: ils partagerent les poſſeſſions
entre eux pour diviſer leur travail, & de cette

division procede le droit commun, l'union de diverses Familles, sous le lien de la societé civile.

Aussi l'antiquité nous aprend que Janus a deux faces, pour nous faire voir que ce Prince instruisant les peuples d'Italie au Labourage, leur enseigna par les simples traits de cette leçon, la forme de vivre ensemble sous la régle des mêmes loix, comme si être Laboureur & politique, n'étoit que même chose, sous divers noms, par un même dessein.

Les Poëtes ont feint que la même Deesse qui montra la premiere l'Agriculture aux mortels, leur inspira l'amour & la Justice.

Prima Ceres unco, glæbas dimisit aratro,
Prima dedit fruges, alimentáque mitia terris,
Prima dedit leges.

Aussi trouvons-nous que la gloire qui prend sa naissance des actions civiles, a pris chez les Latins son nõ de l'objet & sujet du labourable : car le terme d'adorea, qui signifie honneur, derive du mot d'Ador, qui veut dire froment. Nous lisons chez Diodore que parmi les Egyptiẽs les Rois de qui la principale fonction consiste en l'exercice de la Justice, portoient leur Sceptre en forme de soc de charruë. 4. De même on ne peut saisir les armes des Soldats, chevaux & bagages, *glossa singularis, in l. nepos proculo, ff. de verb. significat.* parce que c'est un crime au soldat de vẽdre ses armes, *l. qui cõmeatus, §. fin. ff. de milit.* & le soldat qui les vend doit être puny de mort, *l. 1. §. miles, ff. eod.*

Ce qui se dit du soldat, *armatæ militiæ,* a lieu aux Avocats, *qui dicuntur milites togata militia,* d'autant qu'on ne peut faire levation de leurs livres, robes & bonnets, qui sont leurs armes, & ainsi le Senat a jugé pour l'Avocat Putod, contre Jaquin, qui s'étoit saisi de ses Livres pour d'argent qu'il luy devoit.

Comme auſſi ne pourra-t'on ſaiſir l'Imprimerie d'un Imprimeur, vû que ce noble Art étant ſi neceſſaire aux hommes, il ſeroit injuſte de priver des inſtrumens, neceſſaires celuy qui s'en ſert pour le bien public : & à dire le vray, tout ce que nous ſçavons ce n'eſt que par le moyen de l'Imprimerie qui fait voir l'excellence de l'eſprit des hommes, donnant au public les travaux immenſes que nos Anceſtres ont fait pour rechercher la verité des Sciences tant Divines que humaines, Civiles que politiques; car où pourrions-nous puiſer l'eſtre des Sciences, qui font un nombre inconcevable de Livres qui forment des Bibliotéques prodigieuſes, ſi ce n'étoit par le moyen de l'Impreſſion, que ce Grand Me Jean de Guttemberg Gentilhomme Allemand a trouvé en l'an 1440. & l'a mis en avant parmi nous.

Moins les outils d'un Artiſant dont il gaignera ſa vie, parce qu'étant privé de ſes outils, il ne pourra rien faire, & par conſequent il ſera contraint de mourir de faim : ainſi que le Senat a jugé pour un nommé La Combe faiſeur de Carton, à qui un nommé Bertier du Bourget avoit fait ſaiſir ſes outils, propres pour ſon travail, qu'il avoit enfermé dans une Chambre, qui s'étoient gâtez par l'injure du temps, attendu que ledit Bertier avoit laiſſé pleuvoir dans la Chambre faute de l'avoir tenuë couverte ; iceluy Bertier s'étant porté pour Apellant de la Sentence du Sr Juge du Bourget, laquelle le Senat confirmât, & condamnât ledit Bertier aux dépens, dommages intereſts dudit Comba.

On ne peut auſſi ſaiſir les Fourrages, Foins & Pailles neceſſaires à la nourriture du Bétail qui ſert pour travailler la Terre : *Conceſſo enim uno cenſentur ea omnia conceſſa ſine quibus ad id unum perveniri non poteſt.*

Il faut remarquer qu'on peut donner en payement les Bœufs au Creancier, afin que le debiteur ſe releve des priſons, *Etſi non poſſunt capi &c. in ſubſidium*, D. Fab. def. 16. C. de pign. Voyez l'Edit de S. A. R. du 22. May 1592.

5. Les Docteurs diſputent ſi le Patrimoine qu'on fait à un Prêtre pour prendre les Ordres, peut être ſaiſi pour ſes detes; ceux qui tiennent la négative, diſent que *Turpe eſt & indecorum Eccleſiæ, Presbyterum vitam emendicare, Can. finali. 16. q. 1.* que ce Patrimoine, *habetur pro titulo & beneficio* : & que dans les Chapitres *Epiſcopi, & cum ſecundum de præbend. in 6.* Il eſt deffendu aux Evêques de dôner les Ordres, ſinon qu'ils dôpent en même-tems un benefice pour vivre, autremét eux-mêmes ſont tenus de les nourrir : Ce qui a fait inventer les Patrimoines,

Néanmoins Innocent Panorme, & les autres Canonistes resolvent sur le Chapitre *Tuis de prebend.* que ce Patrimoine peut être aliené, *imò potest capi, & possideri in causam judicati* parce que l'homme d'Eglise peut renoncer au benefice *cum quo ordinatus est,* d'autant que *in Clericis non est reprobata paupertas voluntaria actuum.*

En second lieu, ce Patrimoine peut être saisi & subasté pour les dettes de celuy qui la constitué, à deffaut d'autres biens, *Res enim transit cum suo onere.*

6. Il faut remarquer qu'on pourra faire saisir les Protocoles d'un Notaire à faute du payement de ce qui est dû au Creancier, ainsi le Senat a jugé en l'Année 1674.

Touchant les Subastations il faut remarquer que tous Opposans calomnieusement seront deboutez de leur opposition, & condamné en l'amende ordinaire telle que du fol appel, pardevant le Senat, & à la moitié moins és autres Jurisdictions inferieures; & plus grande à la discretion de Justice, si la matiere y est trouvée disposée, & autant envers les Parties. Afin que ceux qui feront les Subastations ne manquent aucunement, l'Auteur y a joint LES FERIES suivantes.

Jours feriez au Souverain Senat de Savoye.

JANVIER.

1. Circoncision de Nôtre-Seigneur.

2. Saint Clerc.

4. Premier Jour d'Entrée aprés les Feries de Noël.

6. Le Jour des Rois.

17. Saint Antoine.

20. Saint Fabien & Saint Sébastien.

29. Saint François de Sales.

FEVRIER.

2. Purification de Nôtre-Dame.

3. Saint Blaise.

24. S. Mathias, & le 25. en l'Année Bissextil.

MARS.

Le Senat n'entre point les trois jours de Carême-prenant, ny le jour des Cendres.

19. Saint Joseph.

5. L'Annonciation Nôtre-Dame.

0. Bienheureux A M E', Duc de Savoye.

A V R I L.

Le Senat donne Feries la Veille des Rameaux, jufques au lendemain de Quafimodo.

5. Saint Marc Evangelifte.

M A Y.

1. Saint Jaques & Saint Philippe.

3. Invention de la Sainte Croix.

4. Le Saint Süaire.

9. Saint Nicolas.

Les 3. Jours de Rogations, & celuy de l'Afcenfion de N. Seigneur, & les 3. Jours de Pentecôte, ny le Mercredy fuivant, le Senat n'entre point.

Le Jour de la Fête-Dieu, & pendant l'Octave, le Senat n'entre point.

J U I N.

11. Saint Barnabé.

12. Dix mille Martyrs.

24. Saint Jean-Baptifte.

29. S. Pierre & S. Paul.　　　　J U I L L E T.

2. La Vifitation de Nôtre-Dame.

22. Sainte Marie Magdelaine.

25. Saint Jaques & Saint Chriftophle.

26. Sainte Anne　　　A O U S T.

1. Saint Pierre ſ Liens.

4. Saint Dominique.

6. Transfiguration de Nôtre-Seigneur.

7. Saint Donat.

10. Saint Laurent.

14. Le Senat dóne Féries jufqu'au 14. de Novembre. Pendant lefd. Feries la Chambre Criminelle entre tous les Samedis des mois de Septébre & d'Octob.

15. L'Affomption de Nôtre-Dame.

16. Saint Roch.
24. Saint Barthelemy.
29. Décolation Saint Jean-Baptiste.

SEPTEMBER.

7. Saint Grat.
8. La Nativité de Nôtre-Dame.
14. L'Exaltation Sainte Croix.
21. Saint Mathieu.
22. Saint Maurice.
29. Saint Michel.
30. Saint Jerôme.

OCTOBRE.

2. Saint Leger.
4. Saint François.
9. Saint Denis.
18. Saint Luc Evangeliste.
28. Saint Simon, & Saint Jude.

NOVEMBRE.

1. La Toussaints.
2. La Commemoration des Morts.
11. Saint Martin.   [danges
14. Premier Jour d'Entrée aprés les Feries de Ven
25. Sainte Catherine.
30. Saint André.

DECEMBRE.

8. La Conception Nôtre-Dame.
20. Le Senat donne Feries jusques au 4. de Janvier
22. Saint Thomas Apôtre.
25. NOEL.
26. Saint Estienne.
27. Saint Jean Evangeliste.
28. Les Innocens.
29. Saint Thomas de Cantorbie
31. Saint Sylvestre.   FIN.

www.ingramcontent.com/pod-product-compliance
Lightning Source LLC
Chambersburg PA
CBHW070748210326
41520CB00016B/4622